ANIMAIS EM CHINÊS

PARA COLORIR, LER E ESCREVER

CHEN XIAOFEN

ISBN: 9798857584415

Palavras da autora:

Agradecemos imensamente por escolher "ANIMAIS EM CHINÊS PARA COLORIR, LER E ESCREVER"! Este livro é parte integrante da renomada coleção "VOCABULÁRIO EM CHINÊS PARA COLORIR, LER E ESCREVER". Cada palavra em chinês é cuidadosamente acompanhada por uma ilustração e um desenho pronto para ser colorido, enriquecendo a experiência visual. E o melhor de tudo, você encontrará a tradução em português correspondente! Adicionalmente, reservamos uma página dedicada ao aprimoramento da escrita dos ideogramas chineses, oferecendo uma abordagem abrangente para o seu aprendizado.

Como professora dedicada ao ensino do chinês mandarim desde 2004 e mãe orgulhosa do pequeno Lucas Chen, tenho encorajado incansavelmente meu filho a mergulhar no aprendizado do idioma por meio de atividades lúdicas e divertidas. É com imenso prazer que compartilhamos esta coleção de livros, com a esperança de que ela possa proporcionar à sua família experiências igualmente empolgantes de aprendizado.

Sejam bem-vindos(as) a um mundo de conhecimento e diversão!

Conheçam-nos melhor através dos contatos:

Website: www.descobrindochines.com/vocabulario
Instagram: @chines_com_lucas
@aula_de_chines
email: contato@descobrindochines.com
descobrindochines@gmail.com
YouTube: Chinês Com Lucas
Aula de Chinês

gǒu

狗

cachorro

gǒu

㇒ 犭 犭 犭 犳 犳 狗 狗

狗 狗 狗 狗

gǒu

㇒ 犭 犭 犭 犳 犳 狗 狗

狗 狗 狗 狗

māo

猫

gato

māo

丿 犭 犭 犭 犭 犭 犭 犭 犭 猫 猫

猫 猫 猫 猫

māo

丿 犭 犭 犭 犭 犭 犭 犭 犭 猫 猫

猫 猫 猫 猫

wū guī

乌龟

tartaruga

wū	
乌	乌 乌 乌
guī	
龟	龟 龟 龟

wū	
乌	乌 乌 乌
guī	
龟	龟 龟 龟

tù zi

兔子

coelho

tù

丿 ⺈ ⺈ 㐫 㐫 免 免 免

兔	兔	兔					兔		

zi

乛 了 子

子	子	子					子		

tù

丿 ⺈ ⺈ 㐫 㐫 免 免 免

兔	兔	兔					兔		

zi

乛 了 子

子	子	子					子		

qīng wā

青蛙

sapo

qīng 一 二 丰 丰 青 青 青 青

青 青 青 青

wā 丨 口 口 中 虫 虫 虫 虫 蚌 蛀 蛙 蛙

蛙 蛙 蛙 蛙

qīng 一 二 丰 丰 青 青 青 青

青 青 青 青

wā 丨 口 口 中 虫 虫 虫 虫 蚌 蛀 蛙 蛙

蛙 蛙 蛙 蛙

niú

牛

vaca

niú ㇒ ⺧ 𠂉 牛

牛	牛	牛					牛		

niú ㇒ ⺧ 𠂉 牛

牛	牛	牛					牛		

mián yáng

棉羊

ovelha

mián	𠃋 纟 纟 纟 纟 约 约 绐 绢 绵 绵								
绵	绵	绵					绵		
yáng	丶 丷 丷 兰 兰 羊								
羊	羊	羊					羊		

mián	𠃋 纟 纟 纟 纟 约 约 绐 绢 绵 绵								
绵	绵	绵					绵		
yáng	丶 丷 丷 兰 兰 羊								
羊	羊	羊					羊		

shān yáng

山羊

cabra

shān	丨 ⼐ 山							
山	山	山				山		
yáng	丶 丷 ⺷ 䒑 兰 羊							
羊	羊	羊				羊		

shān	丨 ⼐ 山							
山	山	山				山		
yáng	丶 丷 ⺷ 䒑 兰 羊							
羊	羊	羊				羊		

mǎ

马

cavalo

mǎ

㇇ 马 马

马	马	马					马		

mǎ

㇇ 马 马

马	马	马					马		

zhū

猪

porco

zhū 丿 犭 犭 犭 犭 犭 犭 犭 猪 猪 猪

猪 猪 猪 猪

zhū 丿 犭 犭 犭 犭 犭 犭 犭 猪 猪 猪

猪 猪 猪 猪

hóu zi

猴子

macaco

hóu

猴 猴 猴 猴

zi

子 子 子 子

hóu

猴 猴 猴 猴

zi

子 子 子 子

sōng shǔ

松鼠

esquilo

sōng

松 松 松 松

shǔ

鼠 鼠 鼠 鼠

sōng

松 松 松 松

shǔ

鼠 鼠 鼠 鼠

cì wèi

刺猬

ouriço

cì	一 𠂉 𠂌 市 市 朿 朿 刺							
刺	刺	刺				刺		
wei	丿 犭 犭 犭 犭 犭 犭 犭 犭 猬 猬 猬							
猬	猬	猬				猬		

cì	一 𠂉 𠂌 市 市 朿 朿 刺							
刺	刺	刺				刺		
wei	丿 犭 犭 犭 犭 犭 犭 犭 犭 猬 猬 猬							
猬	猬	猬				猬		

shù lǎn

树懒

bicho-preguiça

shù 一 十 才 木 权 权 权 树 树

树	树	树					树		

lǎn 丶 丶 忄 忄 忄 忙 忙 忡 怖 怖 悚 悚 悚 懒 懒 懒

懒	懒	懒					懒		

shù 一 十 才 木 权 权 权 树 树

树	树	树					树		

lǎn 丶 丶 忄 忄 忄 忙 忙 忡 怖 怖 悚 悚 悚 懒 懒 懒

懒	懒	懒					懒		

biàn sè lóng

变色龙

cama leão

biàn									
变	变	变					变		
shǎi									
色	色	色					色		
lóng									
龙	龙	龙					龙		

biàn									
变	变	变					变		
shǎi									
色	色	色					色		
lóng									
龙	龙	龙					龙		

fù shǔ

负鼠

gambá

fù

负 负 负 负

shǔ

鼠 鼠 鼠 鼠

fù

负 负 负 负

shǔ

鼠 鼠 鼠 鼠

qiú yú

犰狳

tatu

qiú

犰 犰 犰 犰

yú

狳 狳 狳 狳

qiú

犰 犰 犰 犰

yú

狳 狳 狳 狳

shí yǐ shòu
食蚁兽

tamanduá

shí	
食	食 食 食
yǐ	
蚁	蚁 蚁 蚁
shòu	
兽	兽 兽 兽

shí	
食	食 食 食
yǐ	
蚁	蚁 蚁 蚁
shòu	
兽	兽 兽 兽

mò

貘

anta

mò	
貘	貘 貘 貘

mò	
貘	貘 貘 貘

hé lí

河狸

castor

hé 丶 丶 氵 氵 汀 沪 沪 河

河 河 河 河

lí 丿 犭 犭 犭 犭 狆 狆 狎 狎 狸

狸 狸 狸 狸

hé 丶 丶 氵 氵 汀 沪 沪 河

河 河 河 河

lí 丿 犭 犭 犭 犭 狆 狆 狎 狎 狸

狸 狸 狸 狸

shuǐ tún

水豚

capivara

shuǐ

水 丨 亅 水 水

水 水 水

tún

豚 丿 月 月 月 月 肜 肜 肜 豚 豚 豚

豚 豚 豚

shuǐ

水 丨 亅 水 水

水 水 水

tún

豚 丿 月 月 月 月 肜 肜 肜 豚 豚 豚

豚 豚 豚

yě zhū

野猪

javali

yě 丨 ㄇ 日 日 甲 甲 里 里 野 野 野

野 野 野 野

zhū 丿 犭 犭 犭 犭 犲 犲 猪 猪 猪 猪

猪 猪 猪 猪

yě 丨 ㄇ 日 日 甲 甲 里 里 野 野 野

野 野 野 野

zhū 丿 犭 犭 犭 犭 犲 犲 猪 猪 猪 猪

猪 猪 猪 猪

dà xiàng

大象

elefante

dà 大

一 ナ 大

大 大 大 大

xiàng 象

象 象 象 象

dà 大

一 ナ 大

大 大 大 大

xiàng 象

象 象 象 象

xióng

熊

urso

xióng

熊 熊 熊 熊

xióng

熊 熊 熊 熊

xióng māo

熊猫

panda

xióng	𠂉 厶 𠫔 育 育 育 育 能 能 能 能 能 能 能
熊	熊 熊 熊
māo	丿 犭 犭 犭 犭 犭 犭 猫 猫 猫 猫
猫	猫 猫 猫

xióng	𠂉 厶 𠫔 育 育 育 育 能 能 能 能 能 能 能
熊	熊 熊 熊
māo	丿 犭 犭 犭 犭 犭 犭 猫 猫 猫 猫
猫	猫 猫 猫

wú wěi xióng

无尾熊

coala

wú	一 二 于 无							
无	无	无				无		
wěi	一 コ 尸 尸 尸 层 尾							
尾	尾	尾				尾		
xióng	𠂉 厶 𠫓 台 台 育 育 能 能 能 能 能 熊 熊							
熊	熊	熊				熊		

wú	一 二 于 无							
无	无	无				无		
wěi	一 コ 尸 尸 尸 层 尾							
尾	尾	尾				尾		
xióng	𠂉 厶 𠫓 台 台 育 育 能 能 能 能 能 熊 熊							
熊	熊	熊				熊		

láng

狼

lobo

láng 丿 犭 犭 犭 犭 犭 犭 狆 狼 狼

狼 狼 狼 狼

láng 丿 犭 犭 犭 犭 犭 犭 狆 狼 狼

狼 狼 狼 狼

hú lí

狐狸

raposa

hú 狐

丿 犭 犭 犭 犷 犷 狐 狐

狐 狐 狐

lí 狸

丿 犭 犭 犭 犸 犸 狎 狎 狸 狸

狸 狸 狸

hú 狐

丿 犭 犭 犭 犷 犷 狐 狐

狐 狐 狐

lí 狸

丿 犭 犭 犭 犸 犸 狎 狎 狸 狸

狸 狸 狸

dài shǔ

袋鼠

Canguru

dài	
袋	袋 袋 袋
shǔ	
鼠	鼠 鼠 鼠

dài	
袋	袋 袋 袋
shǔ	
鼠	鼠 鼠 鼠

lù

鹿

cervo

lù

丶 亠 广 户 庐 庐 庐 唐 唐 鹿 鹿

鹿 鹿 鹿 鹿

lù

丶 亠 广 户 庐 庐 庐 唐 唐 鹿 鹿

鹿 鹿 鹿 鹿

luò tuó

骆驼

camelo

luò	㇆ 马 马 马 驴 驳 骆 骆 骆
骆	骆 骆 骆
tuo	㇆ 马 马 马 马 驴 驼 驼
驼	驼 驼 驼

luò	㇆ 马 马 马 驴 驳 骆 骆 骆
骆	骆 骆 骆
tuo	㇆ 马 马 马 马 驴 驼 驼
驼	驼 驼 驼

chánɡ jǐnɡ lù
长颈鹿

girafa

chánɡ	ノ 𠂉 长 长							
长	长	长					长		
jǐnɡ	𠃌 ス 𡿨 ⺈ ⺈ 𢀖 𢀖 ⺈ 颈 颈 颈								
颈	颈	颈					颈		
lù	丶 亠 广 户 户 庐 庐 庐 唐 唐 鹿								
鹿	鹿	鹿					鹿		

chánɡ	ノ 𠂉 长 长							
长	长	长					长		
jǐnɡ	𠃌 ス 𡿨 ⺈ ⺈ 𢀖 𢀖 ⺈ 颈 颈 颈								
颈	颈	颈					颈		
lù	丶 亠 广 户 户 庐 庐 庐 唐 唐 鹿								
鹿	鹿	鹿					鹿		

lǎo hǔ

老虎

tigre

lǎo	一 十 土 耂 老 老								
老	老	老					老		
hǔ	丨 ⺊ 卢 卢 卢 虍 虎 虎								
虎	虎	虎					虎		

lǎo	一 十 土 耂 老 老								
老	老	老					老		
hǔ	丨 ⺊ 卢 卢 卢 虍 虎 虎								
虎	虎	虎					虎		

huā bān bào

花斑豹

onça-pintada

huā	
花	花 花 花
bān	
斑	斑 斑 斑
bào	
豹	豹 豹 豹

huā	
花	花 花 花
bān	
斑	斑 斑 斑
bào	
豹	豹 豹 豹

shī zi

狮子

leão

shī	丿 丬 犭 犭 狮 狮 狮 狮 狮								
狮	狮	狮					狮		
zi	㇇ 了 子								
子	子	子					子		

shī	丿 丬 犭 犭 狮 狮 狮 狮 狮								
狮	狮	狮					狮		
zi	㇇ 了 子								
子	子	子					子		

bān mǎ

斑马

zebra

bān

斑 斑 斑 斑

mǎ

马 马 马 马

bān

斑 斑 斑 斑

mǎ

马 马 马 马

xī niú

犀牛

rinoceronte

xī	㇕ ㇕ 尸 尸 尸 屄 屄 屄 屖 屖 屖 犀							
犀	犀	犀				犀		
niú	ノ 𠂉 𠂊 牛							
牛	牛	牛				牛		

xī	㇕ ㇕ 尸 尸 尸 屄 屄 屄 屖 屖 屖 犀							
犀	犀	犀				犀		
niú	ノ 𠂉 𠂊 牛							
牛	牛	牛				牛		

hé mǎ

河马

hipopótamo

hé 丶 冫 氵 汀 汀 河 河 河

河 河 河 河

mǎ ㇆ 马 马

马 马 马 马

hé 丶 冫 氵 汀 汀 河 河 河

河 河 河 河

mǎ ㇆ 马 马

马 马 马 马

xīng xīng

猩猩

chimpanzé

xīng

猩 猩 猩 猩

xing

猩 猩 猩 猩

xīng

猩 猩 猩 猩

xing

猩 猩 猩 猩

SOBRE A AUTORA

chén xiǎo fēn
CHEN XIAOFEN (陈晓芬: Fragrância Da Manhã Da Família Chen) nasceu em 1986, em um vilarejo extraordinariamente humilde aninhado no interior da província de Guangdong. Ela era a "filha amada", termo carinhoso com o qual seu pai costumava se referir a ela. Criada por seus pais, avós e tios. Ao lado de irmãos e primos, desfrutou de uma infância serena e repleta de alegria.

Apesar de ter perdido o primeiro semestre escolar devido à limitação financeira de sua família, assim que ingressou na escola, se destacou instantaneamente na turma. Ela sempre foi a fonte de orgulho de seus professores e de sua família, exibindo amor pelo estudo e obtendo as notas mais notáveis de sua classe.

Desde tenra idade, ela também desempenhava afazeres domésticos e ajudava nos campos de arroz e hortaliças, mostrando um espírito trabalhador e resiliente. Aos 14 anos, em 2000, ela partiu para o Brasil com seus pais, em busca de melhores condições financeiras. Determinada, aprendeu o português com o objetivo de aliviar o fardo de seus pais na nova terra. Desde preencher formulários até lidar com vistos, questões de saúde, finanças, contabilidade, contratos, aluguel de casas e compras, ela assumiu várias responsabilidades.

Seu sonho de infância se concretizou no Centro Cultural China-Brasil, onde teve a chance de se tornar professora. Em 2004, ela começou a lecionar chinês mandarim para brasileiros, recebendo apoio caloroso de sua família. Em 2007, ministrou aulas em grandes empresas como a Petrobrás, Vale, Varig, Sauer e Associação Abrigo do Marinheiro. Em prol de disseminar ainda mais seu conhecimento e ajudar mais pessoas, em 2015 ela lançou seu canal no YouTube, intitulado "Aula de Chinês", compartilhando conteúdo online e gratuito para todos interessados em aprender mandarim. Hoje, sua audiência ultrapassa 100 mil inscritos e seus vídeos acumulam mais de 7 milhões de visualizações.

Como resultado, a Professora Chen se tornou uma figura de destaque no ensino de mandarim no Brasil. Ao longo de duas décadas dedicadas a ensinar o chinês mandarim, ela concebeu várias coleções de materiais relacionados ao idioma:

- **Chinês Master**: Curso completo de chinês mandarim.
- **Desvendando Ideogramas**: Curso de ideogramas chineses com ênfase na etimologia.
- **Descobrindo Chinês**: Curso de chinês mandarim voltado para aprendizado em família.
- **Chinês Para Negócios**: Curso de chinês direcionado a ambientes profissionais, empresas e importação/exportação.
- **Vocabulário Em Chinês Para Colorir, Ler E Escrever.**
- **Caderno quadriculado do HSK**

www.ingramcontent.com/pod-product-compliance
Ingram Content Group UK Ltd.
Pitfield, Milton Keynes, MK11 3LW, UK
UKHW021411190726
13845UKWH00028B/1011